FACTORES

PSICOSOCIALES

ASOCIADOS AL BULLYING

Autor: José Antonio Jiménez-Barbero

INDICE

1. INTRODUCCIÓN

1.1. Magnitud del fenómeno de la violencia en los centros escolares.

Los primeros estudios sobre violencia escolar fueron realizados por Heinemann (1972), y Olweus (1973, 1978, 1993, 1996, 2005). Estos autores se refieren al maltrato entre iguales ("bullying"), como una conducta de persecución y agresión física, psicológica o moral que realiza un alumno o grupo de alumnos sobre otro, con desequilibrio de poder y de manera reiterada.

La violencia escolar incluye conductas que pueden causar daño físico o emocional, y que van desde las agresiones verbales, a la humillación, la exclusión social, el daño físico y la destrucción de la propiedad (Allen, 2009; Benbenishty & Astor, 2005), comprendiendo varias categorías, como la disrupción en las aulas, los problemas de disciplina, y el maltrato entre compañeros (Olweus, 1993; Walker, 1995).

Nos encontramos ante un fenómeno que, aunque ha sido objeto de atención y alarma social en los últimos años, probablemente haya estado siempre presente en nuestros centros escolares. Recientemente se han llevado a cabo diversos estudios que analizan su prevalencia en países como EEUU, España, Australia, Gran Bretaña o Alemania, que indican que entre el 20 y el 30 % de los alumnos se han visto implicados en episodios de violencia que van desde la simple intimidación verbal hasta formas graves de agresión física o sexual (Defensor del Pueblo, 2007; Department of Health and Human Services & Center for Disease Control and Prevention, 2006; Wolke, Woods, Stanford & Schulz, 2001).A la magnitud del problema, se suman las consecuencias que este fenómeno puede tener en la salud mental y la conducta futura de los jóvenes (Abada, Hou & Ram, 2008; Östberg, 2003). En este sentido, se han publicado estudios que muestran que la exposición continuada a la violencia se relaciona con el desarrollo de: (a) problemas emocionales y psicosomáticos, tanto en víctimas como en acosadores (Gini & Pozzoli, 2009; Van der Wal, De Wit & Hirasing, 2003), que interfieren en la concentración y en la capacidad del estudiante, favoreciendo un pobre rendimiento académico (Schwartz & Gorman, 2003); (b) baja autoestima, depresión e ideación suicida (Brunstein, Marrocco, Kleinman, Schonfeld & Gould, 2007; McMahon, Reulbach, Keeley, Perry &

Arensman, 2010), y (c) comportamientos antisociales, como conductas delictivas o abuso de drogas, que a su vez redundarán en problemas legales, económicos y sociales (Cunningham & Henggeler, 2001).

1.2. Factores psicosociales asociados a la violencia escolar

Diversos autores proponen como factores asociados a la violencia escolar, las variables culturales (Michaud, Blumb & Slap, 2001; McCulloch, 2006), socioeconómicas (Due et al., 2009; Sentse, Scholte, Salmivalli & Voeten, 2007), familiares (Bowes et al., 2009) y psicosociales, entre otras (Nansel, Craig, Overpeck, Saluja & Ruan, 2004).

En este sentido, se ha estudiado la repercusión de los problemas de conducta externalizante en el ámbito escolar, donde se relacionan con episodios de violencia entre pares (Arseneault et al., 2006). La conducta externalizada incluye comportamientos manifiestos desajustados, como agresividad, agitación psicomotora, desobediencia y comportamiento delincuente (Achenbach & Edelbrock, 1984), que adquieren una gran relevancia debido a las consecuencias a corto y largo plazo tanto para el propio joven como para la sociedad en general (Abada et al., 2008). Existe una sólida base de investigación que indica que este tipo problemas de conducta son bastante comunes, llegando a afectar a uno de cada cinco niños (Carter et al., 2010). Algunas variables que se han asociado a los problemas de conducta son la impulsividad, las actitudes hacia la violencia y los estilos parentales.

1.2.1. Impulsividad

Eysenck (1993), definió la impulsividad como la tendencia a actuar de forma irreflexiva y sin considerar las consecuencias, relacionándolo con la existencia de déficits inhibitorios. Este autor, más conocido por la identificación de tres dimensiones de la personalidad, Extraversión, Neuroticismo y Psicoticismo (Eysenck & Eysenck, 1985), intuyó que la impulsividad se asociaba con las dimensiones de Psicoticismo y Extraversión. En estudios posteriores identificó dos factores asociados a la variable impulsividad, uno de los cuales se etiquetó directamente como Impulsividad ("Impulsiveness"), y el otro como Atrevimiento ("Venturesomeness") (Eysenck, 1993).

Eysenck también ha influido en estudios posteriores a través de su teoría de que la Extraversión, y por extensión, la impulsividad, son causados por una baja excitación cortical (Eysenck, 1967). Esta teoría, aunque controvertida (el propio Eysenck admitió que no ofrece una explicación completa al constructo de la impulsividad), ha inspirado muchas investigaciones en este sentido, ya que la excitación cortical es relativamente fácil de manipular en voluntarios humanos sin necesidad de recurrir a intervenciones farmacológicas.

Otra línea de investigación es la trazada por Barrat y sus colegas. La Escala de Impulsividad de Barratt (BIS), que ha evolucionado a través de varias versiones, fue inicialmente elaborada para medir la impulsividad separada de la ansiedad (Barratt, 1994, p.63). La escala se desarrolló posteriormente, por lo que el número de subescalas ha ido variando a lo largo del tiempo. Por ejemplo, el BIS-7B, tenía cinco subescalas (estimulación sensorial, impulsividad motora, conducta interpersonal, autoevaluación de la impulsividad y la asunción de riesgos) (Barratt & Patton, 1983). Más tarde, el análisis de la BIS-10 permitió distinguir tres factores de segundo orden: impulsividad motora, impulsividad atencional, e impulsividad relacionada con la planificación (Patton, Stanford & Barratt, 1995). Finalmente, la impulsividad motora y la impulsividad relacionada con la planificación se han identificado consistentemente como dimensiones en las sucesivas versiones del BIS, aunque es el definido más recientemente como rasgo de "estabilidad-afrontamiento", el que parece diferenciar mejor entre sujetos "normales" y los pacientes con psicopatogía (Barratt, 1994).

Por otra parte, Dickman (1985, 1993) revisó la evidencia de la implicación de las capacidades cognitivas en las conductas impulsivas, y propuso que las diferencias en la impulsividad entre individuos podrían reflejar a su vez diferencias en los mecanismos que fijan la atención: a pesar de que los sujetos impulsivos decían actuar con menos previsión, a menudo respondían más lentamente en tareas experimentales que los no impulsivos.

Este autor distinguió dos tipos diferentes de impulsividad (Dickman, 1990): (a) la impulsividad disfuncional, que definió como la propensión a actuar con menor previsión que la mayoría de las personas, lo que llevaría al sujeto a tener dificultades en su desempeño social ("a menudo no me detengo el tiempo suficiente a pensar antes de actuar"), y (b) la impulsividad funcional, que es la disposición a actuar con poca previsión cuando la situación es óptima ("soy bueno en el aprovechamiento de oportunidades inesperadas, donde es necesario actuar inmediatamente"). Las conclusiones de Dickman ilustran una importante cuestión, a veces pasada por alto, esto es, que no todo comportamiento impulsivo es desventajoso necesariamente (Evenden, 1999).

En este sentido, algún autor ha informado que aunque tanto la impulsividad funcional como la disfuncional facilitan que la persona se comporte de forma agresiva, sería la impulsividad disfuncional la que predispondría a la desconfianza hacia los demás y a los sentimientos de ira, potenciando la manifestación de conductas violentas (Vigil-Colet & Codorniu-Raga, 2004).

Otros autores han asumido que la impulsividad es multifactorial. Por ejemplo Buss & Plomin (1975), concluyeron que "la impulsividad se compone de más de una dimensión de control" y consideraron que el control inhibitorio se encuentra en el centro de la impulsividad, pero variables como el tiempo de decisión, el aburrimiento o la búsqueda de sensaciones son otros aspectos importantes a considerar.

Estudios relativamente recientes, han apoyado esta teoría multifactorial para explicar la relación entre impulsividad y violencia, y han sugerido que la impulsividad debería ser concebida como un constructo multidimensional, compuesto por distintas facetas que podrían relacionarse de forma diferencial con el comportamiento violento (Whiteside & Lynam, 2001; Whiteside, Lynam, Miller, & Reynolds, 2005).

Por otra parte, la impulsividad ha sido identificada por distintos autores como predictora fundamental de los problemas de conducta (Barratt, 1985; Olson, Schilling, & Bates, 1999). En este sentido, distintos estudios han encontrado diferencias de género relacionadas con la impulsividad, y de hecho, se ha informado que la impulsividad correlaciona más con el género masculino (Chapple & Johnson, 2007; Rutter, Giller & Hagell, 1998), lo cual podría estar, a su vez, relacionado con las diferencias de género detectadas por otros estudios en la aparición de conductas externalizadas (Beauchaine, Hong, & Marsh, 2008; Jackson & King, 2004; Kjelsberg & Friestad, 2009). Finalmente, aunque algunos autores han señalado que la existencia de diferencias neuroendocrinas entre ambos sexos justificaría un mayor nivel de externalización en varones (Shirtcliff, Granger, Booth & Johnson, 2005), otros trabajos, sin embargo han abogado por la influencia de la socialización familiar y los estilos parentales en este fenómeno (Eisenberg et al., 2001; Maccoby & Martin, 1983).

1.2.2. Actitudes

En las últimas décadas, ha tenido una gran influencia la teoría cognitivo-social, la cual postula que en la instauración de problemas de conducta intervienen distintas variables como el entorno, la personalidad y el proceso de maduración psicológica, que se deben combinar para formar estructuras de memoria y procesos que a su vez influyan en las estrategias cognitivas utilizadas en las distintas situaciones sociales (Bandura, 2001, 2006; Crick & Dodge, 1994). Según este modelo, el individuo escogerá una estrategia u otra en función de factores tales como su capacidad, autoeficacia, esperanza de éxito, y especialmente sus actitudes.

La actitud, según Eagly & Chaiken (1993) es una tendencia psicológica que se expresa mediante la evaluación de una entidad (u objeto) concreta con cierto grado de favorabilidad o desfavorabilidad, y que se manifiesta a través de una serie de respuestas observables. Tradicionalmente se han agrupado dichas respuestas en tres grandes categorías: cognitivas, que hacen referencia a las "creencias", ideas o pensamientos; afectivas, que son los sentimientos, estados de ánimo y emociones asociadas con el objeto actitudinal; y conativas-conductuales (Eagly & Chaiken, 1993, pp. 10-14).

Una fuente importante de adquisición de actitudes se produce a través del aprendizaje social, es decir, en situaciones en las cuales interactuamos con otros, o simplemente mientras observamos su comportamiento. Tal aprendizaje sucede a través de varios procesos: (a) condicionamiento clásico (aprendizaje basado en la asociación). En este sentido, existen hallazgos que sugieren que las actitudes pueden ser influidas por el condicionamiento subliminal (Krosnick, Betz, Jussim & Lynn, 1992); (b) condicionamiento operante, también llamado condicionamiento instrumental, término introducido por Thorndike y que sugiere que la conducta sirve de instrumento para conseguir un fin (Thorndike, 1913). Se trata de una forma de aprendizaje mediante el que un sujeto tiene más probabilidades de repetir las formas de conducta que conllevan consecuencias positivas y, por el contrario, menos probabilidades de repetir las que conllevan consecuencias negativas; (c) aprendizaje observacional, cuando los individuos adquieren nuevas formas de comportamiento a través de las observación de las acciones de los demás (Bandura, 1997), y (d) Comparación social, en el que las actitudes son moldeadas por la información social proveniente de otros, junto con nuestro deseo de ser similares a gente que respetamos (Festinger, 1954).

Finalmente, algunos autores han señalado que las actitudes pueden estar tambien influidas por factores genéticos. Se ha encontrado que las actitudes de gemelos idénticos correlacionan más alto que las actitudes de los no idénticos (Waller, Kojetin, Bouchard, Lykken & Tellegen, 1990). En este sentido, los hallazgos sugieren que las actitudes relacionadas con preferencias pueden estar más fuertemente influidas por factores genéticos que las actitudes que son de naturaleza cognitiva (Tesser, 1993).

Una de las cuestiones más debatidas por la Psicología Social es la relación entre actitud y conducta. Todos los estudiosos e investigadores de las actitudes han trabajado desde el supuesto de que el conocimiento de la actitud de una persona servirá para conocer, cuando menos, el marco general de su actuación en relación con el objeto actitudinal (Morales, 1999).

En este sentido, el modelo MODE (Schuette & Fazio, 1995), postula que la influencia de las actitudes sobre la conducta se ejerce de dos modos fundamentales: (a) procesamiento espontáneo, cuando se produce la activación automática de la actitud. Exige que la actitud esté dotada de una elevada accesibilidad. Una vez activada, la actitud actuará como filtro y guiará todo el procesamiento posterior, y (b) proceso deliberativo, de larga duración, que estriba en un análisis cuidadoso de la información disponible. El Modelo MODE defiende que el predominio del modo espontáneo sobre el deliberativo o a la inversa depende de dos factores: la motivación y la oportunidad. Así pues, si una actitud es accesible, y por ello capaz de activación automática, el procesamiento espontáneo prevalecerá pero sólo si las personas carecen de motivación y, además, de oportunidad para poner en marcha un proceso deliberativo.

Diversos autores han informado que la mayor parte de las conductas se producen de forma espontánea, y que a las actitudes las guían en gran medida, procesos psicológicos automáticos (Fazio, 2007; Krauss, 1995). Ello se debe a que en las situaciones en las que debemos actuar rápidamente, las actitudes parecen influir sobre la conducta de una manera más directa y automática, de acuerdo con el modelo del proceso "de la actitud a la conducta" (Fazio, 1989; Fazio, Roskos-Ewoldsen & Powell, 1994). Dicho de otro modo, la relación entre conducta y actitud es máxima cuando los sujetos no utilizan procesos deliberativos a la hora de realizar sus comportamientos.

En este sentido, se han encontrado evidencias de la asociación entre conductas violentas y actitudes tolerantes hacia ésta (Josephson & Proulx, 2008), y se ha informado que la modificación de las actitudes de los jóvenes, podría reducir el riesgo de estas conductas (Hanish & Guerra, 2002; Zun, Downey & Rosen, 2004). A nuestro entender, las actitudes hacia la violencia escolar podrían ser particularmente relevantes, en relación a la conducta interpersonal agresiva en el contexto educativo (Gómez, Navarro & Ruiz, 2005). Si tenemos en cuenta que las conductas agresivas de los adolescentes en el contexto educativo tienen una vertiente más afectiva o emocional que instrumental, y por tanto suelen ser impulsivas y no premeditadas, es posible concluir que la evaluación de las actitudes hacia la conducta violenta podría contribuir a elaborar modelos predictivos de dicho comportamiento en el contexto educativo, lo que permitiría diseñar programas preventivos en este ámbito (Ruiz Hernández, Llor, Puebla & Llor Esteban, 2009).

1.2.3. Estilos de socialización parental

Siguiendo con el enfoque cognitivo-social, cabe destacar que muchas teorías de socialización infantil han apoyado una relación estrecha entre los estilos parentales y la aparición de problemas de conducta (Aunola & Nurmi, 2005; Rothbaum & Weisz, 1994). El estilo de socialización parental es definido como una constelación de actitudes acerca del niño, que le son comunicadas y que, en conjunto, crean un clima emocional en el que se ponen de manifiesto los comportamientos de los padres. Estos comportamientos incluyen tanto las conductas a través de las cuales los padres desarrollan sus propios deberes de paternidad/maternidad (prácticas parentales) como cualquier otro tipo de comportamientos como gestos, cambios en el tono de voz, expresiones espontáneas de afecto, etc., (Darling & Steinberg, 1993).

Baumrind (1991), definió las siguientes características de los padres según su estilo educativo:

A) Autoritativo (Inductivo): prestan atención a las demandas y preguntas de sus hijos y muestran interés; manifiestan una combinación de afecto y apoyo con ciertas dosis de control y democracia; favorecen la autonomía e independencia; son controladores y exigentes en sus demandas, pero al mismo tiempo se muestran cariñosos, razonables y comunicativos; establecen reglas claras y promueven la conducta asertiva; no invaden ni restringen la intimidad del niño; sus prácticas disciplinarias se orientan más hacia la inducción que hacia el castigo; el castigo es razonado y verbal, pero no físico; la comunicación es efectiva y bidireccional, sin órdenes ni gritos; esperan de los hijos cooperación, responsabilidad y control, y muestran pocas conductas problemáticas (adicciones, violencia...), bajos niveles de estrés y un clima familiar estable.

B) Autoritario: combinan altos niveles de exigencia y control con escasa sensibilidad o responsividad; no consideran las peticiones de sus hijos ni responden a sus demandas; son distantes, poco afectuosos y manifiestan conducas de coerción; desarrollan una comunicación unidireccional; proporcionan ambiente ordenado, con reglas claras dictadas por ellos; son más restrictivos y convencionales; prestan escaso apoyo emocional al hijo, y presentan más problemas de conducta e insatisfacción en la pareja.

C) Indulgente/permisivo: combinan baja dosis de control y exigencia con relativa sensibilidad hacia las necesidades del niño; son indulgentes y no establecen restricciones. No muestran autoridad frente a sus hijos; no demandan conductas maduras de sus hijos y evitan el enfrentamiento con estos; la comunicación es poco efectiva y unidireccional; mantienen gran flexibilidad en el seguimiento de reglas, dificultando la asunción de obligaciones por parte del niño. No existen reglas claras y el ambiente familiar es desorganizado.

D) Negligente: ausencia de demandas y de responsividad hacia la conducta de los hijos; falta de estructuración, control y apoyo de las conductas del niño; derivan sus responsabilidades paternas hacia otras figuras como la escuela u otros familiares; presentan problemas de conducta; proporcionan un ambiente familiar desorganizado, y son altamente vulnerables a la ruptura familiar.

Los estilos de socialización parental planteados por Baumrind se basan, por tanto en la combinación de dos dimensiones definidas por Maccoby & Martin (1983): responsividad y exigencia. El término *responsividad* es una traducción del inglés del vocablo *responsiveness*, y se refiere a aquellas actitudes comprensivas que los padres tienen con sus hijos y que buscan, a través del apoyo emocional y de la comunicación, favorecer el desarrollo de la autonomía y de la autoestima de los hijos, mediante la aceptación e implicación con ellos.

La exigencia, traducción del inglés de *demandingness*, comprende todas las actitudes de los padres que buscan de alguna manera controlar el comportamiento de sus hijos, imponiéndoles límites y estableciendo reglas, a través de la coerción y la imposición.

Según la Teoría de la Coerción, el primer mecanismo para el desarrollo del comportamiento violento en el niño es la percepción de un estilo parental autoritario, es decir, con alto nivel de coerción-imposición (exigencia), ya que le proporciona las razones y oportunidades para aprender y poner en práctica comportamientos antisociales: el niño pondría en marcha un mecanismo denominado "condicionamiento de escape", por el cual respondería de forma aversiva para dar fin a los comportamientos agresivos de sus padres (Patterson, 1982; Reid, Patterson, & Snyder, 2002). Por el contrario los estilos parentales caracterizados por alto nivel de aceptación-implicación (responsividad), se relacionan con bajos niveles de externalización, según algunos estudios (Eisenberg et al., 2001).

En este sentido, se ha informado que el estilo parental influye directamente en la violencia escolar (Carlerby, Viitasara, Knutsson, & Gadin, 2013). Los estilos parentales autoritarios, basados en la coerción y la dureza, se han relacionado con un pobre razonamiento cognitivo, que se asocia a manifestaciones de conducta violenta (Dodge & Crick, 1990). Estudios recientes informan que el estilo autoritario materno y la exposición a la violencia, suelen estar asociadas a este tipo de conductas (Mitchell et al., 2009). Sin embargo, aunque la mayoría de autores relacionan problemas conductuales con estilos disciplinarios autoritarios, también se han encontrado relaciones significativas con estilos parentales inconsistentes (Dwairy, 2008).

1.3. Eficacia de las intervenciones para prevenir la violencia escolar.

En los últimos años se ha incrementado la conciencia sobre este problema, dando lugar a la proliferación de diversos programas de prevención (Cooper, Lutenbacher, Faccia & Hepworth, 2003; Smith, Ananiadou & Cowie, 2003). Los principales componentes de estas intervenciones suelen ser: (a) las políticas de enfoque global, que enfatizan la participación democrática de todos los miembros de la escuela y que suelen ser la parte principal de intervenciones a largo plazo (Thompson & Sharp, 1999); (b) la mejora del clima dentro de clase, basado en las relaciones alumno-alumno y profesor-alumno (Roland & Galloway, 2002); (c) la implementación de sistemas de apoyo entre iguales (Cowie, 2000a); (d) la intervención en el patio escolar o en los alrededores de la escuela (Cunningham et al., 1998); (e) las actividades prosociales en clase, como parte del Plan de Estudios (Olweus, 1993; Smith & Sharp, 1994), y (f) el trabajo específico con alumnos acosados o en riesgo de serlo (Ross, 2003). A pesar de los esfuerzos para implantar dichos programas en los centros escolares, existe un notable déficit en lo que respecta a la evaluación de los mismos. Por ejemplo, el *Surgeon General's Report on Youth Violence* (Surgeon General, 2001), declaró que en las escuelas americanas se estaban desarrollando miles de programas de prevención de la violencia, de los que se desconocía realmente su efectividad.

Sin embargo, recientemente se ha examinado la influencia de las actitudes de los adolescentes en su comportamiento en las situaciones de de violencia escolar (Andreou, Didaskalou & Vlachou, 2008; Baldry, 2004; Gellman, 2006). Los hallazgos sugieren una asociación entre las actitudes de los estudiantes y el fenómeno del acoso escolar (Salmivalli & Voeten, 2004), e informan sobre una predisposición de los acosadores a presentar actitudes favorables hacia el uso de la violencia en las relaciones entre pares (Stevens, Van Oost & De Bourdeaudhuij, 2000).

Tal y como ya se ha señalado anteriormente, los estudios sobre actitudes y conducta han comprobado que la mayor parte de las conductas se producen de forma espontánea, y que las actitudes son guiadas, en mayor medida, por procesos psicológicos automáticos, por lo que la relación entre conducta y actitud tiende a aumentar cuando los sujetos no realizan procesos deliberativos a la hora de actuar (Fazio, 2007; Krauss, 1995).

Posiblemente, una intervención dirigida a modelar las actitudes que suelen presentar los adolescentes frente al fenómeno de la violencia escolar podría tener un efecto significativo en la reducción de los episodios violentos (Zun, Downey & Rosen, 2004). Sin embargo, la mayoría de los programas dirigidos a la prevención del bullying siguen un enfoque global como el propuesto por Olweus (1993, 1996, 2005), que requiere un abordaje multidisciplinar, así como su integración en los planes de estudios, lo cual puede resultar complejo y costoso para la mayoría de los centros escolares (Farrell, Meyer & White, 2001; Twemlow et al., 2001).

2. OBJETIVOS

2.1. Objetivos generales

2.1.1. Explorar las variables psicosociales y familiares asociadas a la violencia escolar que pueden ser susceptibles a una intervención preventiva.

2.1.2. Desarrollar programas de intervención y evaluar su eficacia para prevenir y/o reducir las conductas violentas en el ámbito escolar.

2.2. Objetivos específicos

2.2.1. Examinar la eficacia de los programas de intervención y prevención de la violencia escolar desarrollados en la última década, continuando y actualizando trabajos anteriores de revisión, con el fin de determinar qué variables han resultado más sensibles a las distintas intervenciones.

2.2.2. Determinar la influencia de la impulsividad, los estilos de socialización familiar y las actitudes hacia la violencia en los comportamientos de acoso escolar, en una muestra de adolescentes de un instituto de Enseñanza Secundaria Obligatoria, a fin de conocer mejor las características psicosociales y familiares que suelen asociarse a las conductas violentas en el ámbito escolar.

2.2.3. Diseñar y evaluar, mediante un estudio experimental, del programa de intervención breve de elaboración propia, "Cuenta Conmigo", dirigido a prevenir y/o reducir la violencia en el ámbito escolar.

3. DISCUSIÓN GENERAL

La presente investigación ha pretendido aportar elementos que permitan la ampliación y desarrollo de los conocimientos científicos existentes respecto al fenómeno de la violencia escolar y a las posibilidades de respuesta desde distintas disciplinas que tienen como marco de referencia la Salud Mental. Para ello, se trazó desde un principio un esquema de trabajo que nos fue guiando a través de todo el proceso.

El punto de partida se ha planteado en los apartados de introducción y objetivos de la tesis, en los que tratamos de desarrollar los elementos que justifican el interés del trabajo y las metas a alcanzar. A continuación, en el apartado de resultados se han incluido los artículos que componen esta tesis por compendio, tras los que existe un laborioso trabajo de investigación en el que han resultado de enorme interés dos elementos: por un lado el trabajo multidisciplinar, que ha favorecido la búsqueda de soluciones para una problemática que en realidad ha estado siempre presente en los centros escolares, como lo es la violencia entre adolescentes. Por otro lado, la propia estructura formal de la tesis por compendio, que ha permitido que las numerosas ramificaciones que han ido surgiendo, se cristalizaran en resultados estructurados y sistemáticos.

En el apartado de Discusión trataremos de presentar y desarrollar las aportaciones de los diferentes estudios en el aumento del conocimiento sobre los adolescentes implicados en fenómenos de violencia o en riesgo de estarlo, y las posibilidades de elaborar e implementar programas de intervención dirigidos a reducir este fenómeno, a la medida de las necesidades y recursos económicos, humanos y materiales de la sociedad actual.

3.1 Eficacia de los programas de intervención para prevenir la violencia escolar

Las intervenciones escolares dirigidas a reducir la violencia escolar podrían incluirse en al menos uno de los siguientes enfoques: (a) psicosocial, dirigido al desarrollo de habilidades prosociales en alumnos implicados en episodios de violencia y/o acoso escolar (Eisenberg & Fabes, 1998; Snell, MacKenzie & Frey, 2002); (b) sistémico o global, el cual asume que todos los miembros que integran la comunidad escolar (profesores, padres y alumnos), juegan un papel importante en la dinámica del acoso (Olweus, 1996; Twemlow, Fonagy & Sacco, 2004); o (c) cognitivo conductual, orientado a los factores individuales que parecen aumentar la vulnerabilidad de los adolescentes a la intimidación o el acoso, como la ansiedad, la baja autoestima, o el uso de estrategias de afrontamiento desadaptativas, (Epstein & Pacini, 1999; Lyneham, Abbott, Wignall & Rapee, 2003).

La mayoría de los estudios revisados en los distintos niveles de evidencia coinciden en que los programas escolares dirigidos a reducir la violencia son capaces de producir efectos beneficiosos en el clima de convivencia general de los centros educativos.

Así mismo, las intervenciones más eficaces son aquellas que se desarrollan desde una perspectiva multidisciplinar o "Enfoque Global" y se dirigen a la mejora de habilidades sociales e interpersonales y a la modificación de actitudes y creencias. Las variables sensibles a las intervenciones examinadas parecen ser las relacionadas con actitudes, creencias y comportamientos. Dentro de este concepto destacan las actitudes y creencias de los estudiantes respecto al acoso, el comportamiento destructivo o intimidatorio y el rol del espectador. Incluso en los casos en los que se obtienen resultados modestos o no significativos en estas medidas, algunos autores consideran que los pequeños cambios actitudinales en el grupo de iguales pueden contribuir a cambios generales en la dinámica del acoso (Farrell, Meyer, Kung, & Sullivan, 2001; Frey et al., 2005).

Sin embargo, estos cambios pueden resultar complejos dada la dificultad de que se conserven en el tiempo si no se introducen en los programas técnicas de mantenimiento de la conducta, como la anticipación a situaciones de riesgo, el refuerzo positivo a los compañeros que intervienen para frenar el acoso, etc. (Stevens, Van Oost & De Bourdeaudhuij, 2000).

Los autores revisados destacan también la importancia del rol del espectador pasivo en el fenómeno del acoso (Cowie, 2000b; Twemlow et al., 2001). El silencio o complicidad de los espectadores puede dar un fuerte apoyo a los acosadores, e indirectamente favorecer la cultura violenta. Para ayudar a romper esta conspiración del silencio y promover la responsabilidad y empatía entre pares, algunos autores proponen un enfoque global basado en las relaciones sociales entre iguales (Menesini, Codecasa, Benelli & Cowie, 2003).

Otra variable para la que los programas escolares obtienen efectos significativos es la intensidad de las conductas violentas. A este respecto, diversos autores encuentran que su intervención es más efectiva entre adolescentes que muestran altos niveles de comportamiento violento (Beets et al., 2009; Farrell et al., 2001). Argumentan que ello podría deberse al efecto "suelo" que generan los alumnos con bajos niveles de agresividad. Esto es consistente con programas de prevención que han resultado más eficaces entre estudiantes con alto niveles pre-test de agresión (Stoolmiller, Eddy & Reid, 2000). Por otro lado, Fonagy et al., (2009), con intervenciones no centradas en la agresividad, obtiene reducciones significativas en esta medida con niños de bajo riesgo, pertenecientes a Escuelas Primarias, lo que contradice el argumento previo.

Finalmente, otra variable para la que los estudios revisados tambien hallan cambios significativos es la victimización por acoso escolar. Los autores, insisten al respecto en la importancia de la enseñanza de estrategias de afrontamiento y del entrenamiento en habilidades sociales para hacer frente a los episodios de acoso en estos casos (Berry & Hunt, 2009; Jenson & Dieterich, 2007).

Por otra parte, el efecto modulador del género y la edad no ha podido estudiarse en profundidad debido a que la mayoría de los trabajos revisados no los contemplan en muchos casos. Sin embargo, en aquellos estudios en los que se indican diferencias en función del género, la mayoría de los autores parecen hallar mejores resultados entre los varones (Beets et al., 2009; Frey et al., 2005; Menesini et al., 2003), aunque existen autores que contradicen estos informes (Jenson & Dieterich, 2007; Rahey & Craig, 2002).

La causa de estos resultados aparentemente contradictorios referidos al género no parece encontrarse en el marco teórico en el que circunscriben sus intervenciones, ya que la mayoría de ellas parten de enfoques similares, basados en el desarrollo de la empatía y de creencias y actitudes contrarias al acoso. Las diferencias encontradas podrían deberse, en cambio, a que los instrumentos de evaluación utilizados suelen medir la agresión y el acoso directo, más frecuentes entre varones, ignorando por otra parte la violencia indirecta, basada en conductas más sutiles, tales como el aislamiento o los rumores, más frecuentes entre las niñas (Cava Caballero, Musitu Ochoa & Murgui Pérez, 2006). Se ha observado que los varones suelen presentar mayores puntuaciones basales en las escalas de agresión, *bullying* y victimización (Menesini et al., 2003), lo que puede explicar que resulte más fácil obtener resultados positivos entre chicos que entre chicas, ya que este tipo de instrumentos de evaluación son los más habituales en los estudios examinados. Por otra parte, la diferencia de género observada en el modo de emplear la violencia, podría a su vez estar relacionada con la mayor predisposición de las niñas a desarrollar conductas internalizadoras, en contraste con los varones que suelen presentar en mayor medida comportamientos externalizantes, (Van Roy, Grøholt, Heyerdahl, & Clench-Aas, 2006; Wasserman, McReynolds, Ko, Katz & Carpenter, 2005; Zahn-Waxler, Shirtcliff

& Marceau, 2008). En este sentido, Rahey & Craig (2002), que obtienen mejores resultados entre niñas, consideran que ello puede deberse a que su intervención está más adaptada a estas diferencias de género. Sin embargo, podría influir en los resultados el haber empleado instrumentos de evaluación indirecta, como cuestionarios administrados a profesores o padres, quienes suelen reportar menores puntuaciones en victimización y acoso en niñas que en niños. Esto es consistente con los resultados obtenidos por otros autores que no encuentran diferencias significativas entre géneros cuando la misma variable se mide mediante cuestionarios autoadministrados (Elsea & Smith, 1998). Así mismo, dicha reflexión coincide con las conclusiones obtenidas por Frey et al., (2005), que informa que los varones se benefician en general más de la intervención, aunque las niñas obtienen mejores resultados en adquisición de habilidades sociales, medida precisamente evaluada mediante reporte por los profesores. En lo que respecta a la edad, la mayoría de los escasos estudios que estudia esta variable, obtiene mejores resultados entre los niños mayores (Escuelas Secundarias). De hecho, a pesar de que las intervenciones implementadas entre niños menores (Escuelas Primarias), obtienen mejoras significativas en adquisición de habilidades sociales, y aumento de la empatía, no se observan cambios en la frecuencia y severidad de los episodios de acoso y victimización, o de agresión física o verbal. Existen distintas interpretaciones para estos resultados, aparentemente contradictorios: (a) Algunos autores afirman que los niños expuestos a situaciones de acoso contínuo, consiguen adaptarse, adquiriendo con el tiempo las habilidades sociales y asertivas necesarias para afrontarlo, lo que conduciría a una reducción de la victimización cuando alcanzan mayor edad (Jenson & Dieterich, 2007; Smith, Madsen & Moody, 1999). (b) Sin embargo, Rahey & Craig (2002), concluyen que los niños pequeños víctimas de acoso, al hacerse mayores y adquirir más fuerza física, pasan a ser acosadores de sus compañeros más jóvenes, manteniéndose por tanto una especie de "ciclo de la violencia". Esto justificaría la necesidad de desarrollar programas de intervención simultáneamente en toda la franja de edad escolar con el fin de romper el mencionado ciclo. Dicha interpretación es consistente con los resultados de algunos autores que han desarrollado sus programas tanto en Escuelas Primarias como Secundarias (Stevens, De Bourdeaudhuij & Van Oost, 2000), y que sí obtienen mejores resultados entre niños de menor edad.

3.2. Variables psicosociales y familiares asociadas a la conducta violenta en el ámbito escolar

La presente tesis incluye un estudio descriptivo-analítico que tiene como objetivo principal determinar la influencia de la impulsividad, la socialización familiar, y las actitudes hacia la violencia sobre los comportamientos violentos en el ámbito escolar. Es por ello que el análisis de los resultados se dirige a estudiar el grado de asociación de los problemas de conducta externalizante desde una doble dimensión (problemas conductuales y agresividad verbal), con las principales variables predictoras, para lo cual se empleó un modelo de regresión lineal múltiple.

Nuestro estudio proporciona evidencia de la importancia de la impulsividad en los distintos tipos de conducta violenta en adolescentes (Barrat, 1985). Esto es consistente con investigaciones previas que concluyen que las personas con alto nivel de impulsividad muestran predisposición a reaccionar de manera agresiva, especialmente con ira, ante sucesos percibidos como estresantes (Eisenberg et al., 2004). Diversos autores consideran además, que es la más importante predictora de trastorno antisocial y conducta delincuente en el adulto (Knorring & Ekselius, 1998; Tremblay, Pihl, Vitaro & Dobkin, 1994). De ahí la importancia que va a tener la intervención sobre esta dimensión a la hora de abordar los problemas de comportamiento externalizado (Vigil-Colet & Codorniu-Raga, 2004). Por otro lado, la intervención sobre esta variable puede resultar compleja, ya que suele precisar un abordaje psicoterapéutico centrado en la capacitación de los padres y en la mejora de las habilidades sociales de los adolescentes, acompañado en ocasiones de tratamiento psicofarmacológico (Turgay, 2005; Waschbusch, 2002).

Por otra parte, se encontraron diferencias de género, tanto en los estilos educativos, como en las actitudes hacia la violencia, en los distintos tipos de conducta externalizada evaluados (Chapple & Johnson, 2007; Rutter et al., 1998). En primer lugar, el estudio muestra que la *agresividad verbal* se relaciona con la *impulsividad* y con las *actitudes hacia la violencia*. Sin embargo, en el caso de los chicos, se observa una mayor influencia de actitudes orientadas a la potenciación de la autoestima, mientras que entre las chicas, este tipo de conductas parecen ir asociadas a actitudes hacia la violencia como forma de manejar los problemas y las relaciones sociales. Estas diferencias actitudinales podrían relacionarse con el efecto de los estereotipos de género tradicionales, transmitidos mediante procesos de socialización primaria y secundaria, en los que se identifica la conducta agresiva con el dominio de los demás, en el caso de los chicos (Cowie, 2000a), y el uso de la violencia indirecta como respuesta a presiones situacionales, en el caso de las chicas (Olweus, 2005).

El otro factor de conducta externalizada estudiado, que se ha definido como *problemas de conducta,* se ha encontrado en varones con alto nivel de impulsividad, que emplean la violencia como forma de resolver los problemas y han recibido un estilo educativo autoritario por parte de la madre. Probablemente una exposición continuada a patrones violentos podría actuar como forma de modelaje social, favoreciendo una mayor predisposición a emplear "soluciones" violentas en la resolución de conflictos (Tolan, 2007). Por otro lado, este resultado parece acorde con la Teoría de la Coerción de Patterson, ya expuesta en la introducción de este trabajo (Patterson, 1982; Reid et al., 2002).

Sin embargo, nuestros resultados también indican que el estilo autoritario paterno estaría ejerciendo un efecto inhibitorio sobre los comportamientos violentos de estos adolescentes. Aparentemente, los chicos mostrarían tendencia a rebelarse contra la autoridad materna, mientras que, por el contrario, aceptarían las prácticas educativas autoritarias del padre. Este fenómeno podría estar relacionado con la menor implicación de éste en la socialización del adolescente, a lo que podría estar sumándose el efecto del estereotipo de género, que induciría al rechazo por parte de los chicos a las prácticas educativas autoritarias provenientes de las madres.

En el caso de las chicas, nuestros resultados relacionan los comportamientos violentos, con mayor nivel de impulsividad que el observado en varones, actitudes hacia la violencia como forma de diversión, y estilos educativos interparentales inconsistentes. En este sentido, es probable que la constante recepción de mensajes contradictorios, permisivos o indulgentes por parte del padre y coercitivos o autoritarios, por parte de la madre, disminuya su facultad para discernir la diferencia entre lo que es o no socialmente aceptable. Ello podría estar reduciendo su nivel de empatía respecto a sus compañeros de clase y favoreciendo la tendencia a minimizar los efectos negativos de la violencia, que se aceptaría como una forma más de diversión.

Tomando en su conjunto los resultados obtenidos, los modelos aquí expuestos pueden ser interpretados desde la perspectiva de los estereotipos de género, que asigna al varón un rol activo, intrépido y resolutivo, y a la mujer un papel de prudencia y discreción (Young & Sweeting, 2004). Así mismo coinciden con otros trabajos que relacionan las conductas agresivas con el estilo autoritario materno (Dodge & Crick, 1990; Mitchell et al., 2009), y que destacan el papel de estilos educativos inconsistentes en el desarrollo de problemas de conducta (Dwairy, 2008).

Desde este punto de vista, la tendencia a la respuesta agresiva podría deberse a la adquisición de unas determinadas actitudes, entendidas como conjunto de creencias que los individuos poseen acerca de objetos específicos de la realidad y que son el resultado de la experiencia directa o la identificación con personas significativas (Ajzen, 2005). La presencia de sólidas actitudes hacia la violencia contribuirían, de este modo, a que los adolescentes, o bien respondan impulsivamente sin pensar en las consecuencias, o tras evaluarlas las consideren aceptables (Dodge y Petit, 2003).

3.3. Eficacia de una intervención breve en la reducción de la violencia escolar

Los resultados obtenidos en los estudios anteriores aportaron a este trabajo la base conceptual y metodológica, y recomendaron el diseño de una intervención de naturaleza breve y enfocada principalmente a la modificación de las actitudes hacia la violencia para reducir los comportamientos violentos en el ámbito escolar. En este sentido, planteamos nuestra intervención desde el marco de las intervenciones breves, en línea con algunos de los estudios revisados (Baldry & Farrington, 2004; Teglasi & Rothman, 2001), y enfocada a la mejora de habilidades sociales e interpersonales y a la modificación de actitudes y creencias relacionadas con la violencia, que se han presentado como medidas de resultado eficaces a largo plazo en distintos trabajos (Frey et al., 2005; Mytton, DiGuiseppi, Gough, Taylor & Logan, 2006; Stevens, Van Oost & De Bourdeaudhuij, 2000).

El programa, denominado "Cuenta conmigo", consiste en una intervención breve de cinco sesiones de una hora, centrada en técnicas grupales de discusión y uso de las nuevas tecnologías dirigidas a la reestructuración cognitiva y adquisición de valores en pro de la convivencia y en contra de la violencia. Se trata de una intervención de elaboración propia, derivada de los trabajos teóricos y de investigación previos, y que cuenta con el respaldo empírico de sus componentes activos, enfocados al desarrollo de la empatía (Hunt, 2007), la autoestima y la percepción de la propia competencia (DeRosier, 2004), las habilidades sociales y capacidad de resolución de conflictos (Merrel, Gueldner, Ross, & Isava, 2008; Mytton, DiGuiseppi, Gough, Taylor & Logan, 2006), así como los límites al uso legítimo de la violencia y las alternativas a ésta (Metzler, Biglan, Rusby & Spraque, 2001).

Los resultados del estudio que midió su eficacia indicaron que la intervención generó cambios en las actitudes de los adolescentes hacia la violencia. Sin embargo, dichos cambios no fueron signficativos, lo que podría deberse a que la evaluación post-test no pudo recoger los cambios en las actitudes que pudieron producir a posteriori. Posiblemente este fenómeno pueda estar relacionado con el *efecto durmiente*, definido por Kelman & Hovland (1953), que postula que un cambio de actitud es mayor cuando ha pasado cierto tiempo desde la emisión del mensaje debido a una disociación entre la fuente y el contenido, lo que origina que los sujetos puedan recordar el mensaje pero olvidando la fuente, por lo que posiblemente un estudio de seguimiento habría permitido detectar dichos cambios.

Aunque no se obtuvieron cambios en gran parte de las variables, el análisis muestra reducciones significativas de la *violencia percibida* por los alumnos en el patio, lo que podría indicar que, aunque aparentemente el programa haya tenido efectos limitados sobre las actitudes en el período evaluado debido al *efecto durmiente*, sí se han producido cambios relevantes respecto a determinados comportamientos violentos. Estos cambios han supuesto la reducción de puntuaciones en los indicadores de violencia relacional directa (*rechazar*), e indirecta (*aislar*), así como violencia verbal (*amenazar*), lo cual está en consonancia con lo observado por otros autores en estudios similares, (Crick, Casa & Mosher, 1997; Crick & Grotpeter, 1995). Sin embargo, no se han obtenido cambios en los indicadores relacionados con la violencia física, lo que indica que éstos podrían requerir programas de intervención continuados que permitieran una modificación más profunda en actitudes hacia la violencia y habilidades sociales.

Por otra parte, no se observaron cambios significativos en el interior del aula. En este ámbito, es probable que la conducta del adolescente se haya visto influenciada por la figura de autoridad que representa el profesor. En cierta medida, la presencia de éste podría haber llevado al adolescente a no sentirse implicado en las situaciones conflictivas que se producen habitualmente en el interior del aula: es decir, parece asumirse que en el entorno de un aula, donde el papel del profesor como figura de autoridad está más presente, la responsabilidad de actuar ante las situaciones violentas no recae en los alumnos, sino en sus profesores, lo que podría provocar que muchos de estos alumnos se desentiendan de ellas. De esta forma, los episodios violentos que, tras el programa de intervención, generan rechazo entre los alumnos fuera del aula, donde se suele dar una menor supervisión por parte de los profesores, serían en cambio tolerados en el interior del mismo, por lo que, en definitiva, los efectos de la intervención se verían camuflados. Este resultado estaría en la misma línea con los obtenidos por estudios previos que han destacado la influencia de la actitud hacia la autoridad escolar en la incidencia de la violencia escolar (Smith, Ananiadou & Cowie, 2003).

Por otra parte, nuestros hallazgos sugieren que los alumnos de Escuelas Secundarias serían más resistentes a intervenciones dirigidas a reducir la violencia escolar, por lo que puede ser importante la contemplación en estas intervenciones, de las características del desarrollo de los adolescentes, menos propensos a responder a las ideas y normas introducidas por los adultos (Stevens, Van Oost & De Bourdeaudhuij, 2000). Finalmente, no es probable que sean factores distintos a las actitudes y las normas de clase los que influyen en las conductas violentas (Salmivalli & Voeten, 2004), por lo que creemos que es necesario conocer mejor las variables que pueden influir en los comportamientos de intimidación, a nivel individual, social e institucional.

4. CONCLUSIONES

En base a los resultados obtenidos, se establecen las siguientes conclusiones generales:

-Existen evidencias de la eficacia de intervenciones escolares dirigidas a reducir o prevenir la violencia. En este sentido, las intervenciones más eficaces parecen ser las dirigidas a la mejora de las habilidades sociales e interpersonales y a la modificación de actitudes y creencias. En cuanto a las variables empleadas para evaluar la eficacia de dichas intervenciones, las más sensibles son las relacionadas con las actitudes, creencias y comportamientos, y, en menor medida, la victimización y la frecuencia de conductas violentas. En lo que respecta a los efectos moduladores del género y la edad sobre la eficacia de los programas estudiados, no obtenemos resultados concluyentes, debido a que la mayoría de estudios no tiene en cuenta la influencia de éstos. Los escasos estudios que sí lo hacen indican, en relación al género, que hay una mejor respuesta entre los varones, mientras que en lo relativo a la edad, los niños mayores (Escuelas Secundarias), parecen beneficiarse más de los distintos programas.

-Las conductas externalizantes parecen estar implicadas directa o indirectamente en los casos de violencia escolar. El presente trabajo nos ha permitido conocer con más amplitud qué variables se asocian a este fenómeno, y por tanto, qué aspectos deberían tenerse en cuenta a la hora de desarrollar un programa de intervención dirigido a reducir las situaciones de acoso y violencia en el ámbito escolar. Además de los estilos de socialización parental y el género, que están ejerciendo un efecto modulador muy importante en el tipo de conducta externalizada, las conclusiones del estudio indican la influencia que las actitudes de los adolescentes hacia la violencia pueden estar teniendo en estos comportamientos.

Así mismo, los modelos sugeridos por estos resultados, podrían interpretarse desde la perspectiva de los estereotipos de género y de su efecto sobre las actitudes de los adolescentes y la socialización familiar. Por otra parte, nuestros resultados coinciden con otros trabajos que relacionan las conductas agresivas con el estilo autoritario materno, y que destacan el papel de estilos educativos inconsistentes en el desarrollo de problemas de conducta.

-Finalmente, una intervención de naturaleza breve basada en la modificación de las actitudes hacia la violencia puede resultar eficaz para reducir el nivel de violencia en las escuelas, y puede estar especialmente indicada en aquellos centros en los que actualmente no es posible la implementación de programas más complejos y costosos. Los discretos resultados obtenidos en algunas de las variables podría indicar la necesidad de realizar estudios de seguimiento, con el fin de evitar el "efecto durmiente".

5. RECOMENDACIONES PARA FUTURAS INVESTIGACIONES

Los trabajos incluidos en el presente compendio han dejado abiertas algunas cuestiones que merecerían ser estudiadas ampliamente en estudios posteriores.

El estudio de las variables psicosociales y familiares relacionadas con la conducta violenta en adolescentes, ha indicado la existencia de asociaciaciones entre género y estilo de socialización parental, por lo que sería interesante el desarrollo de investigaciones encaminadas a analizar las diferencias en los patrones parentales en función del género de los hijos, y sus implicaciones en el posterior desarrollo de determinadas actitudes hacia la violencia. La naturaleza observacional de la metodología empleada en el trabajo aquí incluido, no permitió establecer relaciones causales entre las variables, por lo que sería preciso el análisis de este constructo mediante otros diseños metodológicos, con tamaños muestrales mayores.

En lo que respecta a la eficacia de los programas escolares para reducir la violencia, la revisión sistemática encontró determinados aspectos que deberían ser tenidos en cuenta a la hora de diseñar futuras intervenciones:

-La probabilidad de éxito aumenta cuando se involucra a todas las disciplinas profesionales de los centros escolares, así como a los padres de los menores.

-Resulta fundamental adaptar los distintos programas a las características sociales y culturales de la población escolar donde se pretenden implementar, contemplándose en su diseño la posible influencia de la edad y el género.

Por último, los discretos resultados obtenidos por el ensayo clínico aleatorio que tuvo como objeto evaluar la eficacia del programa intervención breve "Cuenta Conmigo", basado en la modificación de actitudes hacia la violencia, nos lleva a recomendar la realización de estudios de seguimiento con el fin de resolver el *efecto durmiente,* que las intervenciones sobre actitudes pueden generar.

Así mismo, nuestro trabajo ha mostrado la necesidad de conocer mejor las variables que pueden influir en los comportamientos de intimidación, a nivel individual, social e institucional. Las consideraciones que describe pueden servir para construir en el futuro programas de intervención breve que puedan responder de manera eficaz a la problemática de la violencia escolar a un coste que los centros puedan asumir. No obstante, sería recomendable llevar a cabo estudios más potentes de carácter multicéntrico, empleando muestreos probabilísticos, y con tamaños muestrales mayores, a fin de poder contrastar los resultados presentados, y extender sus conclusiones a toda la población escolar.

6. BIBLIOGRAFÍA

Abada, T., Hou, F., & Ram, B. (2008). The effects of harassment and victimization on self-rated health and mental health among Canadian adolescents. *Social Science & Medicine, 67,* 557-567. DOI:10.1016/j.socscimed.2008.04.006

Achenbach, T.M. & Edelbrock, C.S. (1984). Psychopathology of childhood. *Annual Review of Psychology, 35,* 227-256.

Ajzen, I. (2005). *Attitudes, personality and behavior.* (2 ed.) (vols. 1) Berkshire: Open University Press.

Allen, S.F. (2009). A study of a violence prevention program in prekindergarten classrooms. *Children and Schools, 31,* 177-187. DOI:10.1093/cs/31.3.177

Andreou, E., Didaskalou, E., & Vlachou, A. (2008). Outcomes of a curriculum-based anti-bullying intervention program on students' attitudes and behavior. *Emotional and Behavioural Difficulties, 13,* 235-248. DOI:10.1080/13632750802442110

Arseneault, L., Walsh, E., Trzesniewski, K., Newcombe, R., Caspi, A., & Moffitt, T.E. (2006). Bullying victimization uniquely contributes to adjustment problems in young children: a nationally representative cohort study. *Pediatrics, 118,* 130-138. DOI:10.1542/peds.2005-2388

Aunola, K. & Nurmi, J.E. (2005). The Role of Parenting Styles in Children's Problem Behavior. *Child Development, 76,* 1144-1159. DOI:10.1111/j.1467-8624.2005.00840.x-i1

Baldry, A.C. (2004). 'What about bullying?' An experimental field study to understand students' attitudes towards bullying and victimization in Italian middle schools. *British Journal Educational Psychology, 74,* 583-598. DOI:10.1348/0007099042376391

Baldry, A.C., & Farrington, D.P. (2004). Evaluation of an Intervention Program for the Reduction of Bullying and Victimization in Schools. *Agressive Behavior, 30,* 1-15.

Bandura, A. (1997). *Self-efficacy: The exercise of control.* New York: Freeman.

Bandura, A. (2001). Social cognitive theory: An agentic perspective. *Annual Review of Psychology, 52,* 1-26. DOI:10.1146/annurev.psych.52.1.1

Bandura, A. (2006). Toward a psychology of human agency. *Perspectives on Psychological Science, 1,* 164-180. DOI:10.1111/j.1745-6916.2006.00011.x

Barratt, E.S. (1985). Impulsiveness subtraits: Arousal and information processing. In Spence J. & Izard (Eds.), *Motivation, emotion and personality* (pp. 137-146). Amsterdam: Elsevier.

Barratt, E.S. (1994). Impulsiveness and Aggression. In Monahan J. & Steadman H.J. (Eds.), *Violence and Mental Disorder* (pp. 61-79). Chicago: University of Chicago Press.

Barratt, E.S. & Patton, J.H. (1983). Impulsivity: cognitive, behavioural and psychophysiological correlates. In Zuckerman M. (Ed.), *Biological bases of sensation seeking, impulsivity, and anxiety.* (pp. 77-122). Hillsdale, New Jersey: Lawrence Erlbaum Associates.

Baumrind, D. (1991). Parenting styles and adolescent development. In Brooks-Gun, J., Lernery, R., & Petersen, A.C. (Eds.), *The encyclopaedia of adolescence* (pp. 746-758). New York.

Beauchaine, T.P., Hong, J., & Marsh, P. (2008). Sex differences in autonomic correlates of conduct problems and aggression. *Journal of the American Academy of Child and*

Adolescent Psychiatry, 47, 788-796.
DOI:10.1097/CHI.Ob013e318172ef4b

Beets, M.W., Flay, B.R., Vuchinich, S., Snyder, F.J., Acock, A., Li K.,... Durlak J. (2009). Use of a Social and Character Development Program to Prevent Substance Use, Violent Behaviors, and Sexual Activity Among Elementary-School Students in Hawaii. *American Journal of Public Health, 99,* 1438-1445. DOI:10.2105/AJPH.2008.142919

Benbenishty, R. & Astor, R.A. (2005). *School violence in context: Culture, neighborhood, family, school, and gender.* New York: Oxford University Press.

Berry, K. & Hunt, C.J. (2009). Evaluation of an intervention program for anxious adolescent boys who are bullied at school. *Journal Of Adolescent Health, 45,* 376-382. DOI:10.1016/j.jadohealth.2009.04.023

Bond L., Carlin, J.B., Thomas, L., Rubin, K., & Patton, G. (2001). Does bullying cause emotional problems? A prospective study of young teenagers. *British Medical Journal, 323,* 480-484. DOI:10.1136/bmj.323.7311.480

Bowes, L., Arseneault, L., Maughan, B., Taylor, A., Caspi, A., & Moffitt, T.E. (2009). School, neighborhood, and family factors are associated with children's Bullying Involvement: a Nationally Representative Longitudinal Study. *Journal of the American Academy of Child & Adolescent Psychiatry, 48,* 545-553. DOI:10.1097/CHI.0b013e31819cb017

Brunstein, K.A., Marrocco, F., Kleinman, M., Schonfeld, I.S., & Gould, M.S. (2007). Bullying, Depression, and Suicidality in Adolescents. *Journal of American Academy of Child & Adolescent Psychiatry, 46,* 40-49. DOI:10.1097/01.chi.0000242237.84925.18

Buss, A.H. & Plomin, R. (1975). *A temperament theory of personality development.* New York: Wiley.

Carlerby, H., Viitasara, E., Knutsson, A., & Gadin K.G. (2013). How Bullying Involvement is Associated with the Distribution of Parental Background and With Subjective Health Complaints Among Swedish Boys and Girls. *Social Indicators Research, 111,* 775-783.

Carter, A.S., Wagmiller, R.J., Gray, S., McCarthy, K.J., Horwitz, S.M., & Briggs-Gowan, M.J. (2010). Prevalence of DSM-IV Disorder in a representative, healthy birth cohort at school entry: sociodemographic risks and social adaptation. *Journal of American Academy of Child & Adolescent Psychiatry, 49,* 686-698. DOI:10.1016/j.jaac.2010.03.018

Cava Caballero, M.J., Musitu Ochoa, G., & Murgui Pérez, S. (2006). Familia y violencia escolar: el rol mediador de la autoestima y la actitud hacia la autoridad institucional. *Psicothema, 18,* 367-373.

Chapple, C.L. & Johnson, K.A. (2007). Gender differences and impulsivity. *Youth Violence and Juvenile Justice, 5,* 221-234. DOI:10.1177/1541204007301286

Cooper, W.O., Lutenbacher, M., Faccia, K., & Hepworth, J.T. (2003). Planning of Youth Violence-Prevention Programs: Development of a Guiding Measure. *Public Health Nursing, 20,* 432-439. DOI:10.1046/j.1525-1446.2003.20603.x

Cowie, H. (2000a). Stand by: the power of peer support against bullying. *The New Therapist, 7,* 30-33.

Cowie, H. (2000b). Bystanding or standing by: Gender issues in coping with bullying in schools. *Aggressive behavior, 26,* 85-97. DOI:10.1002/(SICI)1098-2337

Crapanzano, A.N., Frick, P.J., & Terranova, A.M. (2010). Patterns of Physical and Relational Aggression in a School-Based Sample of Boys and Girls. *Journal of Abnormal Child Psychology, 38,* 433-445. DOI:10.1007/s10802-009-9376-3

Crick, N.R., Casa, J.F., & Mosher, M. (1997). Relational and overt agression on preschool. *Developmental Psychology, 33,* 579-588.

Crick, N.R. & Dodge, K.A. (1994). A Review and Reformulation of Social Information-Processing Mechanisms in Children's Social Adjustment. *Psychological Bulletin, 115,* 74-101. DOI:10.1234/12345678

Crick, N.R. & Grotpeter, J.K. (1995). Relational agression, gender, and social-psychological adjustement. *Child Development, 66,* 710-722.

Cunningham, C.E., Cunningham, L.J., Martorelli, V., Tran, A., Young, J., & Zacharias, R. (1998). The effects of primary division, student-mediated conflict resolution programs on playground aggression. *The Journal of Child Psychology & Psychiatry, 39,* 653-62. DOI:10.1111/1469-7610.00365

Cunningham, P.B. & Henggeler, S.W. (2001). Implementation of an Empirically Based Drug and Violence Prevention and Intervention Program in Public School Settings. *Journal of Clinical Child Psychology, 30,* 221-232. DOI:10.1207/S15374424JCCP3002_9

Darling, N. & Steinberg, L. (1993). Parenting Style as Context: An Integrative Model. *Psychological Bulletin, 113,* 487-496.

Defensor del Pueblo (2007). *Violencia escolar: el maltrato entre iguales en la Educación Secundaria Obligatoria 1999-2006 (Nuevo estudio y actualización del informe 2000)* (Rep. No. 22). Madrid: Publicaciones de la Oficina del Defensor del Pueblo.

Department of Health and Human Services & Center for Disease Control and Prevention (2006). Youth Risk Behavior Surveillance-United States. *Morbidity and Mortality Weekly Report, 55,* 6-7.

DeRosier, M. E. (2004). Building relationships and combating bullying: Effectiveness of a school-based social skills group intervention. *Journal of Clinical Child & Adolescent Psychology, 33,* 196-201. DOI:10.1207/S15374424JCCP3301_18

Dickman, S.J. (1985). Impulsivity and perception: individual differences in the processing of the local and global dimensions of stimuli. *Journal of Personality and Social Psychology, 48,* 133-149.

Dickman, S.J. (1990). Functional and dysfunctional impulsivity: personality and cognitive correlates. *Journal of Personality and Social Psychology, 58,* 95-102.

Dickman, S.J. (1993). Impulsivity and information processing. In McCown W.G., Johnson J.L., & Shure M.B. (Eds.), *The impulsive client: theory, research and treatment.* (pp. 151-184). Washington D.C.: American Psychological Association.

Dodge, K.A. & Crick, N.R. (1990). Social information-processing bases of aggressive behavior in children. *Personality and Social Psychology Bulletin, 16,* 8-22.

Dodge, K.A., & Petit, G.S. (2003). A biopsychosocial model of the development of chronic conduct problems in adolescence. *Developmental Psychology, 39,* 349-371. DOI:10.1037/0012-1649.39.2.349

Due, P., Merlo, J., Harel-Fisch, Y., Damsgaard, M.T., Holstein, B.E., Hetland J. et al. (2009). Socioeconomic inequality in exposure to bullying during adolescence: a comparative, cross-sectional, multilevel study in 35 countries. *American Journal of Public Health, 99,* 907-914. DOI:10.2105/AJPH.2008.139303

Dwairy, M.A. (2008). Parental Inconsistency Versus Parental Authoritarianism: Associations with Symptoms of Psychological Disorders. *Journal of Youth and Adolescence, 37,* 616-626. DOI:10.1007/s10964-007-9169-3

Eagly, A. H. & Chaiken, S. (1993). *The psychology of attitudes*. Harcourt Brace Jovanovich College Publishers.

Eisenberg, N., Cumberland, A., Spinrad, T.L., Fabes, R.A., Shepard, S.A., Reiser, M. et al. (2001). The Relations of Regulation and Emotionality to Children's Externalizing and Internalizing Problem Behavior. *Child Development, 72,* 1112-1134.

Eisenberg, N., & Fabes, R. (1998). Prosocial development. In N Eisenberg (Ed.), *Handbook of child psychology: Social, emotional, and personality development* (pp. 701-778). New York: Wiley.

Eisenberg, N., Losoya, S., Fabes, R. A., Guthrie, I.K., Reiser, M., & Murphy, B. C. (2001). Parental socialization of children's dysregulated expression of emotion and externalizing problems. *Journal of Family Psychology, 15,* 183-205.

Eisenberg, N., Spinrad, T.L., Fabes, R.A., Reiser, M, Cumberland, A, Shepard, S.A....Thompson, M. (2004). The relations of effortful control and impulsivity to children's resiliency and adjustment. *Child Development, 75,* 25-46. DOI:10.1111/j.1467-8624.2004.00652.x

Elsea, M. & Smith, P.K. (1998). The lon-term effectiveness of anti-bullying work in primary schools. *Educational Research, 40,* 203-218.

Epstein, S. & Pacini, R. (1999). Some basic issues regarding dual-process theories from the perspective of cognitive-experimental self-theory. In S Chaiken & Y Trope (Eds.), *Dual process theories in social psychology* (pp. 462-482). New York: Guilford.

Evenden, J.L. (1999). Varieties of impulsivity. *Psychopharmacology, 146,* 348-361.

Eysenck, H. J. (1967). *The biological basis of personality.* (vols. 689). In Charles C. Thomas (Eds.). Springfield: Transaction Pub.

Eysenck, H. J. (1993). The nature of impulsivity. In McCown W.G., Johnson J.L., & Shure M.B. (Eds.), *The impulsive client, theory, research and treatment* (pp. 57-69). Washington: American Psychological Association.

Eysenck, H.J. & Eysenck, M.W. (1985). *Personality and individual differences: a natural science approach.* New York: Plenum Press.

Farrell, A.D., Meyer, A., Kung, E.M., & Sullivan, T.N. (2001). Development and evaluation of school-based violence prevention programs. *Journal of Clinical Child Psychology, 30,* 207-220.

Farrell, A.D., Meyer, A.L., & White, K.S. (2001). Evaluation of Responding in Peaceful and Positive Ways (RIPP): A School-Based Prevention Program for Reducing Violence Among Urban Adolescents. *Journal of Clinical Child Psychology, 30,* 451-463. doi:10.1207/S15374424JCCP3004_02

Fazio, R.H. (1989). On the power and functionality of attitudes: the role of attitude accessibility. In Pratkanis, A.R., Breckler, S.J., & Greenwald, A.G. (Eds.), *Attitude Structure and Function* (pp. 153-179). Erlbaum: Hillsdale L.

Fazio, R.H., Roskos-Ewoldsen, D.R., & Powell, M.C. (1994). Attitudes, perception, and attention.

Fazio, R.H. (2007). Attitudes as Object-Evaluation Associations of Varying Strength. *Social Cognition, 25,* 603-637. DOI:10.1521/soco.2007.25.5.603

Festinger, L. (1954). A theory of social comparison processes. *Human relations, 7,* 117-140.

Fonagy, P., Twemlow, S.W., Vernberg, E.M., Nelson, J.M., Dill, E.J., & Little, T.D., & Sargent, J.A. (2009). A cluster randomized controlled trial of child-focused psychiatric consultation and a school systems-focused intervention to reduce aggression. *The Journal of Child Psychology & Psychiatry, 50,* 607-616. DOI:10.1111/j.1469-7610.2008.02025.x

Frey, K.S., Hirschstein, M.K., Snell, J.L., Edstrom, L.V., MacKenzie, E.P., & Broderick, C.J. (2005). Reducing playground bullying and supporting beliefs: an experimental trial of the steps to respect program. *Developmental Psychology, 41,* 479-490. DOI:10.1037/0012-1649.41.3.479

Gellman, R.A. (2006). Predicting School Violence: A comparison of violent and nonviolent male students on attitudes toward violence, exposure level to violence, and symptomatology. *Psychology in the Schools, 43.*

Gini, G. & Pozzoli, T. (2009). Association between bullying and psychosomatic problems: a meta-analysis. *Pediatrics, 123,* 1059-1065. DOI:10.1542/peds.2008-1215

Gómez, R., Navarro, M.T., & Ruiz, J.A. (2005). Estudio sobre las actitudes hacia la violencia escolar en adolescentes. In

J.Romay & R.García (Eds.), *Psicología Social y Problemas Sociales* (pp. 367-374). Madrid: Biblioteca Nueva.

Hanish, L.D. & Guerra, N.G. (2002). A longitudinal analysis of patterns of adjustment following peer victimization. *Development and Psychopathology, 14,* 69-89.

Heinemann, P. (1972). *Mobbing-Group violence by children and adults.* Stockholm.

Hunt, C. (2007). The effect of an education program on attitudes and beliefs about bullying and bullying behaviour in Junior Secondary school students. *Child and Adolescent Mental Health, 12,* 21-26. doi:10.1111/j.1475-3588.2006.00417.x

Jackson, D.A. & King, A.R. (2004). Gender differences in the effects of oppositional behavior on teacher ratings of ADHD symptoms. *Journal of Abnormal Child Psychology, 32,* 215-224. DOI:10.1023/B:JACP.0000019772.71251.ff

Jenson, J.M. & Dieterich, W.A. (2007). Effects of a Skills-based Prevention Program on Bullying and Bully Victimization among Elementary School Children. *Prevention Science, 8,* 296. DOI:10.1007/s11121-007-0076-3

Josephson, W.L. & Proulx, J.B. (2008). Violence in Young Adolescents' Relationships: A path model. *Journal of Interpersonal Violence, 23,* 189-208. DOI:10.1177/0886260507309340

Kjelsberg, E. & Friestad, C. (2009). Exploring gender issues in the development from conduct disorder in adolescence to criminal behaviour in adulthood. *International Journal of Law and Psychiatry, 32,* 18-22.

Kelman, H.C. & Hovland, C.I. (1953). Reinstatement of the communicator in delayed measurement of opinion change. *The Journal of Abnormal and Social Psychology, 48,* 327-335. DOI:10.1037/h0061861

Knorring, L. & Ekselius, L. (1998). Psychopharmacological treatment and impulsivity. In Millon T., Simonsen E., irket-Smith M., & Davis R.D. (Eds.), *Psychopathy, antisocial, criminal and violent behaviour* (pp. 359-371). New York: Guilford Press.

Krauss, S.J. (1995). Attitudes and the prediction of behavior: a metanalysis of the empirical literature. *Personality and Social Psychology Bulletin, 21,* 58-75.

Krosnick, J.A., Betz, A.L., Jussim, L.J., & Lynn, A.R. (1992). Subliminal conditioning of attitudes. *Personality and Social Psychology Bulletin* 18, 152-162.

Lyneham, H., Abbott, M., Wignall, A., & Rapee, R. (2003). *The Cool Kids Program: Children's and Parent's Workbooks.* Sydney, MUARU : Macquarie University, 2003.

Maccoby, E.E. & Martin, J.A. (1983). Socialization in the context of the family: Parent-child interaction. In E.M.Hetherington (Ed.), *Manual of child psychology* (4 ed., pp. 1-101). New York: Wiley.

McCulloch, A. (2006). Variation in children's cognitive and behavioural adjustment between different types of place in the British National Child Development Study. *Social Science & Medicine, 62,* 1865-1879. DOI:10.1016/j.socscimed.2005.08.048

McMahon, E.M., Reulbach, U., Keeley, H., Perry, I.J., & Arensman, E. (2010). Bullying victimisation, self harm and associated factors in Irish adolescent boys. *Social Science & Medicine, 71,* 1300-1307. doi:10.1016/j.socscimed.2010.06.034

Menesini, E., Codecasa, E., Benelli, B., & Cowie, H. (2003). Enhancing Children's Responsibility to Take Action Against

Bullying: Evaluation of a Befriending Intervention in Italian Middle Schools. *Agressive Behavior, 29,* 1-14. DOI:10.1002/ab.80012

Merrel, K. W., Gueldner, B. A., Ross, S. W., & Isava, D. M. (2008). How effective are school bullying intervention programs? A meta-analysis of intervention research. *School Psychology Quarterly, 23,* 26-42. DOI:10.1037/1045-3830.23.1.26

Metzler, C. W., Biglan, A., Rusby, J. C., & Spraque, J. R. (2001). Evaluation of a comprehensive behavior management program to improve school-wide positive behavior support. *Education and Treatment of Children, 24,* 448-479.

Michaud, P.A., Blumb, R.W., & Slap, G.B. (2001). Cross-cultural surveys of adolescent health and behavior: progress and problems. *Social Science & Medicine, 53,* 1237-1246. DOI:10.1016/S0277-9536(00)00423-8

Mitchell, S.J., Lewin, A., Horn, I.B., Rasmussen, A., Sanders-Phillips, K., Valentine, D. & Joseph, J.G. (2009). Violence Exposure and the Association between Young African American Mothers' Discipline and Child Problem Behavior. *Academic Pediatrics, 9,* 157-163. DOI:10.1016/j.acap.2009.02.003.

Morales, J. F. (1999). Relaciones entre actitud y conducta. In Casado Lumbreras C. (Ed.), *Psicología Social* (2 ed., pp. 207-213). Madrid: McGraw-Hill.

Mytton, J., DiGuiseppi, C., Gough, D., Taylor, R., & Logan, S. (2006). School-based secondary prevention programmes for preventing violence. *Cochrane database of systematic reviews, 19*. DOI:10.1002/14651858.CD004606.pub2

Nansel, T.R., Craig, W., Overpeck, M.D., Saluja, G., & Ruan, J. (2004). Cross-national Consistency in the Relationship Between Bullying Behaviors and Psychosocial Adjustment. *Archives of Pediatric & Adolescent Medicine, 158,* 730-736. DOI:10.1001/archpedi.158.8.730

National Institute for Clinical Excelence (NICE) (2008). Identifying the evidence. Information for National Collaborating Centers and Guideline Developers [Internet]. http://www.nice.org.uk/guidelinesmanual [On-line].

Olson, S.L., Schilling, E.M., & Bates, J.E. (1999). Measurement of impulsivity: Construct coherence, longitudinal stability, and relationship with externalizing problems in middle childhood and adolescence. *Journal of Abnormal Child Psychology, 27,* 151-165. DOI:10.1023/A:1021915615677

Olweus, D. (1973). Personality and Aggression. In Cole J.K. & Jensen D.D. (Eds.), *Nebraska Simposium on Motivation* (Hemisphere: Lincoln University of Nebraska Press.

Olweus, D. (1978). *Aggression in the School: Bullies and whipping boys*. Washington D.C.: Hemisphere.

Olweus, D. (1993). *Bullying at school: What we know and what we can do*. Cambridge, MA: Blackwell.

Olweus, D. (1996). Bullying at school: Knowledge base and an effective intervention programme. *Annals of the New York Academy of Sciences, 794,* 265-276.

Olweus, D. (2005). A useful evaluation design, and effects of the Olweus Bullying Prevention Program. *Psychology, Crime & Law, 11,* 389-402. DOI:10.1080/10683160500255471

Östberg, V. (2003). Children in classrooms: peer status,status distribution and mental well-being. *Social Science & Medicine, 56,* 17-29. DOI:10.1016/S0277-9536(02)00006-0

Patton, J.H., Stanford, M.S., & Barratt, E.S. (1995). Factor structure of the Barratt Impulsiveness Scale. *Journal of Clinical Psychology, 51,* 774.

Patterson, G. R. (1982). *Coercive family process*. Castalia Publishing Company.

Rahey, L. & Craig, W.M. (2002). Evaluation of an ecological program to reduce bullying in schools. *Canadian Journal of Counselling, 36,* 281-296.

Reid, J. B., Patterson, G. R., & Snyder, J. J. (2002). *Antisocial behavior in children and adolescents: A developmental analysis and model for intervention.* American Psychological Association Washington, DC.

Roland, E. & Galloway, D. (2002). Classroom influences on bullying. *Educational Research, 44,* 299-312. DOI:10.1080/0013188022000031597

Ross, D. (2003). *Childhood bullying and teasing: what school personnel, other professionals and parents can do.* (2 ed.) Alexandria (VA): American Counseling Association.

Rothbaum, F. & Weisz, J.R. (1994). Parental Caregiving and Child Externalizing Behavior in Nonclinical Samples: A Meta-Analysis. *Psychological Bulletin, 116,* 55-74.

Ruiz Hernández, J.A., Llor, L., Puebla, T., & Llor Esteban, B. (2009). Evaluación de las creencias actitudinales hacia la violencia en centros educativos: el CAHV-25. *European Journal of Education and Psychology, 2,* 25-35.

Rutter, M., Giller, H., & Hagell, A. (1998). *Antisocial Behavior by Young People*. (1 ed.) Cambridge: Cambridge University Press.

Salmivalli, C. & Voeten, M. (2004). Connections between attitudes, group norms, and behaviour in bullying situations. *International Journal of Behavioral Development, 28,* 246-258. DOI:10.1080/01650250344000488

Scheckner, S., Rollin, S., Kaiser-Ulrey, C., & Wagner, R. (2002). School violence in children and adolescents: a meta-analysis of the effectiveness of current interventions. *Journal of School Violence, 1,* 5-33.

Schuette, R.A. & Fazio, R.H. (1995). Attitude accesibility and Motivation as Determinants of Biased Processing: a Test of the MODE model. *Personality and Social Psychology Bulletin, 21,* 704-710.

Schwartz, D. & Gorman, A.H. (2003). Community violence exposure and children´s academic functioning. *Journal of Educational Psychology, 95,* 163-173. DOI:10.1037/0022-0663.95.1.163

Sentse, M., Scholte, R., Salmivalli, C., & Voeten, M. (2007). Person–Group Dissimilarity in Involvement in Bullying and Its

Relation with Social Status. *Journal of Abnormal Child Psychology, 35,* 1009-1019. DOI:10.1007/s10802-007-9150-3

Shirtcliff, E.A, Granger, D., Booth, A., & Johnson, D. (2005). Low salivary cortisol levels and externalizing behavior problems in youth. *Development and Psychopathology, 17,* 167-184. DOI:10.10170S0954579405050091

Smith, P.K., Ananiadou, K., & Cowie, H. (2003). Interventions to Reduce School Bullying. *Canadian Journal of Psychiatry, 48,* 591-599.

Smith, P.K., Madsen, K.C., & Moody, J.C. (1999). What causes the age decline in reports of being bullied at school? Towards a developmental analysis of risks of being bullied. *Educational Research, 41,* 267-285. DOI:10.1080/0013188990410303

Smith, P.K. & Sharp, S. (1994). *School bullying: insights and perspectives.* New York: Routledge.

Snell, J., MacKenzie, E., & Frey, K. (2002). Bullying prevention in elementary schools: The importance of adult leadership, peer group support, and student social-emotional skills. In M Shinn, H Walker, & G Stoner (Eds.), *Interventions for academic and behavior problems II: Preventive and remedial approaches* (pp. 351-372). Bethesda: National Association of School Psychologists.

Stevens, V., De Bourdeaudhuij, I.D., & Van Oost, P. (2000). Bullying in Flemish schools: An evaluation of anti-bullying intervention in primary and secondary schools. *British Journal of Educational Psychology, 70,* 195-210. DOI:10.1348/000709900158056

Stevens, V., Van Oost, P., & De Bourdeaudhuij, I. (2000). The effects of an anti-bullying intervention programme on peers' attitudes and behaviour. *Journal of Adolescence, 23,* 21-34. DOI:10.1006/jado.1999.0296

Stoolmiller, M., Eddy, J.M., & Reid, J.B. (2000). Detecting and describing preventive intervention effects in a universal schoolbased randomized trial targeting delinquent and violent behavior. *Journal of Consulting and Clinical Psychology, 68,* 296-306.

Surgeon General (2001). Youth Violence: A report of the Surgeon General. Department of Health and Human Sciences [On-line].

Tesser, A. (1993). On the importance of heritability in psychological research: The case of attitudes. *Psychological Review, 100,* 129-142.

Thompson, D. & Sharp, S. (1999). *Improving schools: establishing and integrating whole school behaviour policies.* London: David Fulton.

Thorndike, E. L. (1913). *The psychology of learning.* Teachers College, Columbia University.

Twemlow, S.T., Fonagy, P., & Sacco, F.C. (2004). The role of the bystander in the social architecture of bullying and violence in schools and communities. *Annals of the New York Academy of Sciences, 1036,* 215-232. DOI:10.1196/annals.1330.014

Twemlow, S.T., Fonagy, P., Sacco, F.C., Gies, M.L., Evans, R., & Ewban, R. (2001). Creating a Peaceful School Learning Environment: A Controlled Study of an Elementary School Intervention to Reduce Violence. *The American Journal of Psychiatry, 158,* 808-810.

Teglasi, H. & Rothman, L. (2001). STORIES A Classroom-Based Program to Reduce Aggressive Behavior. *Journal of School Psychology, 39,* 71-94. DOI:10.1016/S0022-4405(00)00060-1

Tolan, P.H. (2007). Understanding Violence. In Flannery D.J., Vazsonyi A.T., & Waldman I.D. (Eds.), *The Cambridge Handbook of Violent Behavior and Agression* (1 ed., pp. 5-18). Cambridge: Cambridge University Press.

Tremblay, R.E., Pihl, R.O., Vitaro, F., & Dobkin, P.L. (1994). Predicting early onset of male antisocial behavior from preschool behavior. *Archives of General Psychiatry, 51,* 732-739.

Turgay, A. (2005). Treatment of comorbidity in conduct disorder with attention-deficit hyperactivity disorder (ADHD). *Essential psychopharmacology, 6,* 277-290.

Van der Wal, M.F., De Wit, C.A., & Hirasing, R.A. (2003). Psychosocial health among young victims and offenders of direct and indirect bullying. *Pediatrics, 111,* 1312-1317. DOI:10.1542/peds.111.6.1312

Van Roy, B., Grøholt, B., Heyerdahl, S., & Clench-Aas, J. (2006). Self-reported strengths and difficulties in a large Norwegian population 10-19 years: Age and gender specific results of the extended SDQ-questionnaire. *European Child & Adolescent Psychiatry, 15,* 189-198.

Vigil-Colet, A. & Codorniu-Raga, M.J. (2004). Aggression and inhibition deficits, the role of functional and dysfunctional impulsivity. *Personality and Individual Differences, 37,* 1431-1440. DOI:10.1016/j.paid.2004.01.013

Walker, H.M. (1995). *The Acting-Out Child: Coping with Classroom Disruption.* (2 ed.) 1140 Boston Ave., Longmont, CO 80501: Sopris West.

Waller, N. G., Kojetin, B. A., Bouchard, T. J., Lykken, D. T., & Tellegen, A. (1990). Genetic and environmental influences on religious interests, attitudes, and values: A study of twins reared apart and together. *Psychological Science, 1,* 138-142.

Wasserman, G.A., McReynolds, L.S., Ko, S.J., Katz, L.M., & Carpenter, J.R. (2005). Gender differences in psychiatric disorders at juvenile probation intake. *American Journal of Public Health, 95,* 131-137. DOI:10.2105/AJPH.2003.024737

Whiteside, S.P. & Lynam, D.R. (2001). The Five Factor Model and impulsivity: Using a structural model of personality to understand impulsivity. *Personality and Individual Differences, 30,* 669-689. DOI:10.1016/S0191-8869(00)00064-7

Whiteside, S.P, Lynam, D.R., Miller, J.D., & Reynolds, S.K. (2005). Validation of the UPPS impulsive behaviour scale: a four-factor model of impulsivity. *European Journal of Personality, 19,* 559-574. DOI:10.1002/per.556

Waschbusch, D.A. (2002). A meta-analytic examination of comorbid hyperactive-impulsive-attention problems and conduct problems. *Psychological Bulletin, 128,* 118-150.

Wilson, S. (2000). *Effectiveness of school violence prevention programs: Application of a mean change approach to meta-analysis.* Vanderbilt University, Nashville, TN.

Wolke, D., Woods, S., Stanford, K., & Schulz, H. (2001). Bullying and victimization of primary school children in England and Germany: prevalence and school factors. *British Journal of Psychology, 92,* 673-696. DOI:10.1348/000712601162419

Young, R. & Sweeting, H. (2004). Adolescent bullying, relationships, psychological well-being and gender-atypical behavior: a gender diagnosticity approach. *Sex Roles, 50,* 525-555. DOI:10.1023/B:SERS.0000023072.53886.86

Zahn-Waxler, C., Shirtcliff, E.A., & Marceau, K. (2008). Disorders of childhood and adolescence: gender and psychopathology. *Annual Review of Clinical Psychology, 4,* 275-303. DOI:10.1146/annurev.clinpsy.3.022806.091358

Zun, L.S., Downey, L., & Rosen, J. (2004). An emergency department-based program to change attitudes of youth toward violence. *The Journal of Emergency Medicine, 26,* 247-251. DOI:10.1016/j.jemermed.2003.06

www.ingramcontent.com/pod-product-compliance
Lightning Source LLC
Chambersburg PA
CBHW062056280526

45788CB00003B/1244